Guerre

RÉPUBLIQUE FRANÇAISE

MINISTÈRE DE LA GUERRE

CAHIER DES CHARGES COMMUNES

DU 18 JANVIER 1921

POUR LES

FOURNITURES DE CERTAINES DENRÉES

A EFFECTUER PAR MARCHÉS DE LIVRAISON

DANS LES

MAGASINS DES SUBSISTANCES MILITAIRES

PARIS

CHARLES-LAVAUZELLE & CIE

Éditeurs militaires

124, Boulevard Saint-Germain, 124

MÊME MAISON A LIMOGES

MINISTÈRE DE LA GUERRE

Direction de l'Intendance militaire : Bureau des Vivres
et des Fourrages.

Cahier des charges communes pour les fournitures de certaines denrées à effectuer par marchés de livraison dans les magasins des subsistances militaires (1).

Document abrogé : *Cahier des charges du 26 juin 1912 pour les fournitures de denrées à effectuer par marchés de livraison dans les magasins des subsistances militaires.*

Paris, le 18 janvier 1921.

TITRE PREMIER.

Conditions générales et objet des fournitures.

Art. 1er. Les conditions générales des fournitures sont régies :

1° Par le cahier des clauses et conditions générales applicables aux marchés de fourniture du Département de la guerre du 16 février 1903, mis à jour jusqu'au 6 juillet 1909;

2° Par l'instruction relative aux marchés du Département de la guerre du 6 juillet 1909;

3° Par le présent cahier des charges communes.

★ Le service consiste à livrer, dans les lieux et aux époques fixés, les quantités de denrées prévues au marché.

CONDITIONS QUE DOIVENT RÉUNIR LES FOURNITURES.

★ Art. 2. Les conditions générales de qualités et de provenance

---

(1) On a indiqué par un astérisque en marge les principaux points où le présent document contient des dispositions différentes de celles du document similaire antérieur. Il est bien entendu, toutefois, que les entrepreneurs ne pourront jamais se prévaloir de ces indications.

Cet astérisque se trouve soit en face du titre de l'article, lorsque celui-ci est complètement remanié, soit en face de la modification, si elle n'affecte qu'un passage, soit à la fin du paragraphe précédent, s'il s'agit d'une suppression.

que doivent remplir les principales denrées du service des subsistances militaires sont stipulées au titre II du présent cahier des charges. Les conditions particulières à remplir par ces denrées sont indiquées par le cahier des charges spéciales à la fourniture envisagée.

Pour les denrées non visées au titre II du présent cahier des charges, les conditions à remplir sont déterminées par le cahier des charges spéciales à chaque fourniture ou indiquées dans le marché.

CAHIER DES CHARGES SPÉCIALES (1).

★ Art. 3. Un cahier des charges spéciales, approuvé par le directeur de l'intendance, fait connaître la fourniture à effectuer ainsi que les conditions particulières du marché et donne toutes indications de détail nécessaires.

Il détermine, en particulier: le mode d'adjudication ou de marché à passer; la nature et la quantité des denrées à livrer; le maximum et le minimum (la différence étant toujours comprise dans la limite du quart du maximum) entre lesquels peut varier la fourniture lorsqu'il ne s'agit pas d'un marché à quantités fixes; les tolérances en plus ou en moins, le temps que la fourniture concerne, le mode de fractionnement par livraisons échelonnées, s'il y a lieu; le mode de livraison de la marchandise : logée ou non logée; dans le premier cas, les caisses, fûts, sacs, etc..., servant d'enveloppes aux marchandises seront en bon état et resteront la propriété de l'administration sans indemnité pour les fournisseurs; ils figureront en nombre sur les récépissés comptables établis par le réceptionnaire; dans le deuxième cas, les récipients seront restitués au fournisseur;

Les délais accordés pour effectuer la fourniture totale ou bien chacune des fractions de la fourniture si celle-ci doit être effectuée par fractions échelonnées;

Le montant des cautionnements provisoire et définitif; le délai de réalisation du cautionnement en nature;

Le délai maximum imparti à l'administration pour procéder à l'examen et à la prise en charge des denrées présentées;

La limite au delà de laquelle, dans les cas prévus aux paragraphes 3º et 4º de l'article 40 du cahier des clauses et conditions

---

(1) Un cahier des charges spéciales préparé par le directeur de l'intendance, pour chaque place et chaque denrée et qui servira de modèle-type, sera soumis une fois pour toutes à l'approbation du Ministre à qui il ne devra être rendu compte, par la suite, que des modifications essentielles qui y auront été reconnues nécessaires.

générales du 16 février 1903, l'administration pourra résilier le contrat et passer un marché par défaut ;

Les mesures prévues en cas de non-enlèvement par le fournisseur des denrées définitivement refusées;

Les conditions particulières à remplir par les diverses denrées en dehors des conditions générales ci-dessus ou qui doivent être spécialement fixées pour chaque fourniture.

Les principales de ces dernières fixations sont : 1° pour les blés, les avoines et les orges : la proportion des graines étrangères à tolérer; les déchets de criblage maximum; le poids minimum à l'hectolitre; 2° pour les haricots : la proportion maxima de grains défectueux; le poids minimum à l'hectolitre; la proportion des grains de diverses couleurs, s'il y a lieu.

Le cahier des charges spéciales donne également le modèle de la soumission à déposer.

CAUTIONNEMENTS.

Art. 4. Lorsqu'il y a lieu de réaliser un cautionnement définitif, il peut être remplacé par une affectation hypothécaire (sauf en Tunisie) ou bien par la présentation d'une caution solidaire; cette dernière doit être agréée par la commission d'adjudication.

Exceptionnellement, lorsque la fourniture ne comporte pas plusieurs livraisons, le cautionnement peut être remplacé, sur demande insérée dans la soumission, par un cautionnement en nature du dixième de la fourniture. Dans ce cas, le délai de réalisation est fixé par le C. C. S., de telle sorte qu'en cas de non-exécution l'administration militaire ait le temps nécessaire pour assurer par défaut la fourniture. Sous peine d'encourir la résiliation de son marché, le fournisseur ne pourra se soustraire à son engagement qu'en justifiant de la réalisation dans le même délai du cautionnement en numéraire.

PRIX MOYEN POUR CHAQUE ADJUDICATION DE PLUSIEURS LOTS.

Art. 5. Si un adjudicataire a stipulé dans sa soumission des prix différents pour divers lots d'une même denrée, l'adjudication est prononcée aux prix stipulés par lui; il est fait ensuite de ces prix une moyenne proportionnelle qui devient le prix définitif de son marché, et c'est ce prix qui est inscrit au marché.

Si le calcul donne, pour la valeur du prix moyen, plus de trois décimales, les dix-millièmes sont négligés s'ils sont inférieurs à cinq et comptés pour un millième s'ils sont supérieurs ou égaux à cinq.

LIVRAISONS.

Art. 6. Les denrées sont livrées au quintal métrique, au poids net et déduction faite de toute tare.

Les livraisons sont effectuées :

Pour les grains, le riz, la farine d'orge, etc..., sur balance, au rez-de-chaussée des magasins militaires;

Pour le foin, les fourrages artificiels et la paille, à la porte des magasins et hangars ou au pied des meules; à la porte extérieure des établissements, si les voitures ne peuvent pas pénétrer à l'intérieur.

Pour toutes les denrées, l'administration, si elle le juge utile, accorde au fournisseur une tolérance en plus ou en moins, dont la quotité est fixée, le cas échéant, par le cahier des charges spéciales, mais dont le maximum ne peut excéder, dans aucun cas, le vingtième de la fourniture totale.

Si les moyens d'emmagasinement n'y mettent aucun obstacle, ce dont l'administration reste seule juge, le fournisseur peut être admis à devancer le terme de ses livraisons.

Le maximum de denrées que l'administration s'engage à examiner en vue de la réception au cours d'une même journée est indiqué par le cahier des charges spéciales.

Les événements de force majeure de nature à entraver l'exécution de la fourniture peuvent donner lieu à la concession de sursis prolongeant d'autant les délais de livraison, à condition que les faits soient signalés par le fournisseur dans un délai de huit jours.

Ces sursis peuvent être accordés par le directeur de l'intendance dans la limite de trente jours.

CONSTATATION DES LIVRAISONS.

Art. 7. Les récépissés à talon délivrés par le réceptionnaire pour la constatation des livraisons effectuées indiquent, en ce qui concerne les denrées frappées d'un droit d'octroi à l'entrée des villes, si les fournitures ont été faites *intra* ou *extra muros* ou dans un magasin constitué entrepôt d'octroi.

CONTESTATIONS A LA RÉCEPTION.

Art. 8. Si le réceptionnaire juge que les livraisons ne remplissent pas toutes les conditions exigées et si le fournisseur refuse de les remplacer, le litige est soumis à une commission d'appel, dans les formes indiquées par le titre X de l'instruction du 6 juillet 1909 (1).

Le refus d'une denrée par le réceptionnaire deviendra définitif si, dans un délai de quarante-huit heures à partir du lendemain inclus de la notification du refus, le fournisseur n'a pas demandé la réunion de la commission d'appel.

Si, dans un délai de quarante-huit heures après la remise au sous-intendant militaire du procès-verbal de la commission d'appel ou la notification de ses conclusions au fournisseur, le sous-intendant militaire ou le fournisseur n'a pas formulé de recours au Ministre, les conclusions du procès-verbal de la commission d'appel sont exécutoires.

Ce délai de quarante-huit heures court du lendemain inclus de la séance de la commission d'appel si le recours est formé par le sous-intendant militaire et du lendemain inclus de la notification s'il est formé par le fournisseur.

L'instruction commune à tous les prélèvements et envois d'échantillons, qui figure comme annexe au présent cahier des charges communes, donne les renseignements nécessaires au sujet du prélèvement et de l'envoi des échantillons.

En cas de refus définitif, la denrée rejetée doit être retirée des magasins dans un délai qui ne dépassera pas quatre jours à compter du lendemain de la réception par le fournisseur : soit de la notification de refus si la commission d'appel n'a pas été réunie; soit de la notification de la décision de la commission d'appel (refus par la commission d'appel); soit de la notification de la décision ministérielle (refus par le Ministre).

REMPLACEMENT DES DENRÉES REFUSÉES.

Art. 9. En cas de refus définitif de denrées présentées en livraison (que la commission d'appel ait ou non été réunie), il est accordé au fournisseur, par le sous-intendant militaire local, pour le remplacement de la quantité refusée, un sursis de huit jours à compter du jour de la notification du refus. En Algérie et en Tunisie, ce sursis pourra être porté à quinze jours dans les places du littoral, du Tell et des Hauts-Plateaux pour toutes les denrées qui ne sont pas de production indigène, et à quarante-cinq jours pour les postes de l'Extrême-Sud.

---

(1) Par exception, les différends relatifs à la fourniture des fourrages verts seront soumis à la commission prévue par les décrets sur le service intérieur des corps de troupe.

Cahier des charges.   1.

Dans certains cas, dont le sous-intendant militaire reste juge, le délai de remplacement pourra être porté à trente jours.

MARCHÉ PAR DÉFAUT.

★ Art. 10. Si la denrée présentée en remplacement est elle-même refusée en tout ou partie, il ne sera accordé aucun nouveau sursis : un marché par défaut, aux risques et périls du fournisseur, sera passé pour les quantités refusées.

Il sera également passé un marché par défaut : si, à l'expiration du sursis de remplacement, aucune livraison n'a été présentée; si les retards apportés dans les livraisons se prolongent au delà d'une limite indiquée au cahier des charges spéciales; si les rejets dépassent une limite également fixée par le cahier des charges spéciales.

En principe, tout marché par défaut doit être passé aux conditions du marché primitif. Toutefois, lorsque, par suite de retards apportés par un fournisseur dans ses livraisons, il ne se trouve plus de denrée de la récolte indiquée à son contrat, le marché par défaut est passé pour de la denrée de la récolte suivante.

PÉNALITÉS EN CAS DE RETARD.

★ Art. 11. En cas de retard dans les livraisons, le fournisseur encourt une pénalité, du fait de la seule échéance du terme et sans aucune mise en demeure préalable de la part de l'administration militaire.

La pénalité est calculée sur le montant de la valeur au prix du marché de la fourniture en retard de livraison. Elle est décomptée, par jour de retard, suivant l'échelle suivante :

Pendant les quinze premiers jours, à raison de 0 fr. 50 par 1.000 francs; du 16e au 30e jour, à raison de 1 franc par 1.000 francs; à partir du 31e jour, à raison de 1 fr. 50 par 1.000 francs, sans que, dans aucun cas, le montant total de la retenue puisse dépasser le dixième de la valeur des fournitures en souffrance, à moins d'indications contraires au cahier des charges spéciales.

CHARGES DE LA FOURNITURE.

★ Art. 12. Moyennant les prix stipulés au marché, sont au compte du fournisseur tous les frais de transport et camionnage jusqu'au lieu de livraison fixé par l'article 6 ci-dessus, ainsi que toutes pertes, déchets et avaries qui se produiraient jusqu'à la prise en charge par l'administration militaire.

Les droits d'octroi (y compris les droits d'octroi de mer en Algérie) sont à la charge de l'administration militaire (1).

Les droits de douane existant au moment de la passation des marchés sont à la charge du fournisseur, sauf en Algérie, où ils sont acquittés par les soins de l'administration militaire.

Toutefois, lorsqu'il s'agit de denrées de provenance exclusivement exotique, il sera tenu compte au fournisseur, en plus ou en moins, des augmentations ou diminutions apportées aux droits de douane depuis le jour de l'adjudication. Le fournisseur perdra tout recours si l'augmentation de tarif qu'il subit provient d'un retard qui lui est imputable.

PRODUCTION DES TITRES DE CRÉANCE. — RÉCLAMATIONS.

Art. 13. Toutes les pièces justificatives de dépenses destinées à constater les créances du fournisseur sont produites dans le délai de quarante-cinq jours, à compter de l'expiration du trimestre pendant lequel les livraisons ont été effectuées.

Passé ce délai, le fournisseur sera passible d'une amende de 0 fr. 50 par 1.000 francs et par jour de retard, sans qu'il soit besoin de mise en demeure préalable.

L'administration de la guerre se réserve d'ailleurs le droit d'établir, d'office et aux frais du fournisseur, le décompte des fournitures à l'expiration du trimestre qui suit celui pendant lequel les livraisons ont été effectuées.

Toute réclamation relative à l'exécution du service doit être produite également dans le délai de quarante-cinq jours, calculé comme ci-dessus.

PAYEMENT DES FOURNITURES.

Art. 14. En principe, le payement des fournitures n'a lieu qu'en fin de livraison.

A l'intérieur, tous les payements devront être faits par virements, soit en banque, soit, le cas échéant, au compte de chèques postaux, à l'exclusion de tout autre mode de règlement, y compris celui par chèques barrés.

Toutefois, les payements inférieurs à 500 francs pourront être

---

(1) Si le foin est livré en rames et si, le magasin militaire n'étant pas muni de balance-bascule, il y a lieu de recourir à la balance de la ville, le droit municipal est toujours à la charge du fournisseur.

faits, sur la demande du fournisseur, par mandats-cartes postaux, dont les frais d'envoi seront à sa charge.

Si le marché comporte une fourniture à livrer par fractions échelonnées, le fournisseur peut recevoir, sur sa demande, au fur et à mesure de la livraison de chacune de ces fractions, un acompte dont l'importance ne dépasse pas :

A l'intérieur, les 5/6es;

En Algérie et en Tunisie, les 11/12es de la valeur de la livraison effectuée.

Dans ce cas, il établit un décompte des quantités qui lui sont dues. Il joint à sa facture le récépissé comptable qui lui est remis par le réceptionnaire et que l'ordonnateur conserve pour le mettre à l'appui du payement du solde.

La fourniture terminée, le fournisseur produit une facture établie sur papier libre et dans la forme commerciale; il y joint les récépissés comptables restant à produire (s'il y a eu des acomptes payés).

Muni de cette pièce, qui reste annexée à la facture administrative jusqu'à vérification et ordonnancement, le gestionnaire établit cette dernière et la fait signer par le fournisseur après lui avoir expliqué, par écrit, les causes des différences qui peuvent exister entre la facture administrative et la facture commerciale produite.

La signature du fournisseur est précédée des mots : « Approuvé les redressements de compte ci-dessus ramenant (ou portant, suivant le cas) le décompte total à la somme de : (en toutes lettres). »

Le dépôt de la facture commerciale dans les bureaux du sous-intendant militaire détermine la date du dépôt des titres de créance et des pièces de comptabilité.

Le sous-intendant militaire, après avoir vérifié et arrêté les décomptes ou la facture administrative, selon le cas, délivre des mandats pour les sommes acquises au fournisseur.

LIQUIDATION DES CRÉANCES.

Art. 15. Les décisions du Ministre portant liquidation d'une créance peuvent être réformées par lui dans le délai de deux mois, soit dans l'intérêt de l'État, soit dans celui des créanciers, pour causes d'erreurs matérielles, d'omissions, de faux ou doubles emplois. Lorsqu'il y a lieu à réclamation pour les causes ci-dessus, le délai de pourvoi devant le Conseil d'Etat court du jour de la notification de la décision intervenue sur ladite réclamation.

TITRE II.

Provenance des denrées.

★ Art. 16. Les denrées doivent avoir la provenance indiquée soit dans le présent titre, soit dans le cahier des charges spéciales.

Par suite, l'indication, dans les offres déposées par les soumissionnaires, de la provenance des produits qu'ils ont l'intention de fournir, est inutile et sera considérée comme nulle et non avenue. Cette indication n'aura donc jamais pour effet de dégager les fournisseurs de l'exécution des dispositions qui fixent les conditions à remplir par les denrées.

DISPOSITIONS RELATIVES AUX DENRÉES CHARANÇONNÉES.

★ Art. 17. Pour les denrées livrées en sacs, quelles qu'elles soient, la présence ou la trace de charançons et de bruches à la surface extérieure des récipients ou dans la denrée sera toujours un motif de refus immédiat, sans que le fournisseur puisse former appel.

Quand, au moment de la livraison, un lot sera reconnu contaminé, la partie non déchargée ne devra, sous aucun prétexte, être introduite en magasin. Quant à la partie du lot qui aurait pu être déchargée, l'enlèvement devra en être effectué immédiatement, s'il est possible, et, au plus tard, dans un délai qui ne pourra dépasser quarante-huit heures. Passé ce délai, il sera procédé à l'enlèvement, par les soins de l'administration, aux frais, risques et périls du fournisseur, dans les conditions indiquées au cahier des charges spéciales.

Les services locaux détermineront, suivant les circonstances, si les denrées refusées, non enlevées dans le délai imparti, doivent être mises en consignation ou réexpédiées aux frais du fournisseur ou vendues aux enchères par le ministère d'un officier public, le produit de la vente étant versé, au nom de l'intéressé, à la Caisse des dépôts et consignations.

BLÉ-FROMENT.

Art. 18. Le blé doit être de qualité loyale et marchande.

Les mélanges, par le fournisseur, de blés, soit de qualités, soit de provenances différentes, sont formellement interdits.

Le seigle, l'orge, etc..., qui croissent naturellement avec le blé ne sont une cause d'exclusion de celui-ci que si leur proportion dépasse le pour cent fixé par le cahier des charges spéciales.

La tolérance admise ne s'applique qu'à la présence naturelle des graines étrangères; tout mélange artificiel est formellement interdit et rend le fournisseur passible des dispositions prévues par le cahier des clauses et conditions générales du 16 février 1903, mis à jour jusqu'au 6 juillet 1909.

La mélampyre croissant naturellement avec le blé, seront exclus seulement les blés qui, après nettoyage opéré au moyen des appareils mentionnés ci-dessous, contiendront encore des graines de cette plante.

Le blé est livré dans son état naturel; il ne doit pas donner un déchet de criblage supérieur à celui fixé par le cahier des charges spéciales, l'épuration étant faite avec les appareils et les moyens déterminés par ledit cahier des charges spéciales.

Mesuré à la trémie conique, le blé doit, avant nettoyage opéré ainsi qu'il est dit ci-dessus, peser au moins par hectolitre (poids naturel), le nombre de kilogrammes déterminé par le cahier des charges spéciales.

Le blé devant être livré au poids naturel, il s'ensuit que le fournisseur ne peut suppléer à ce poids par une bonification.

Les blés ergotés, si faible que soit la proportion d'ergot, sont exclus.

Les blés de provenance exotique ne seront admis que si le cahier des charges spéciales en fait expressément mention.

RIZ.

Art. 19. Le riz doit être de la dernière récolte, bien sec, entièrement net, dégagé de toute matière hétérogène et de poussière, ainsi que de son enveloppe. Il doit bien gonfler à la cuisson et être suffisamment cuit, sans former empois, après vingt-cinq minutes d'ébullition.

Le grain doit être entier, bien nourri, d'une forme et d'un volume à peu près pareils, propre à être mis immédiatement en distribution et susceptible de se conserver pendant un an, à partir du jour de la réception dans les magasins militaires.

Le riz d'Indo-Chine de provenance des possessions françaises, genre Saïgon, doit être d'un blanc mat et légèrement glacé, suffisamment net, d'une odeur et d'une saveur agréables, les grains devront être d'un volume et d'une forme à peu près pareils. Ils seront exempts de brisures (1) et ne contiendront pas plus de 7 p. 100 de grosses cassures ni plus de 3 p. 100 de graines jaunes décortiquées (2).

Son poids minimum à l'hectolitre doit être de 81 kilogrammes.

HARICOTS.

Art. 20. Les haricots doivent être de la dernière récolte, de la bonne qualité de la contrée, bien nets, sains, bien nourris, luisants et coulants à la main, exempts de graines et de corps étrangers, dans un état de siccité naturel convenable, c'est-à-dire ne présentant pas une proportion d'humidité supérieure à celle déterminée chaque année par le Ministre après l'arrivée sur le marché des haricots de la nouvelle récolte, à moins d'indication contraire du cahier des charges spéciales.

Leur cuisson devra être parfaite en deux heures et demie d'ébullition au plus; une fois cuits, leur pellicule sera souple et sans résistance sous la dent : les pellicules détachées des grains seront en minime quantité.

La proportion des grains tachés, brisés et rachitiques ne doit pas dépasser 3 p. 100, à moins d'indication différente du cahier des charges spéciales, suivant les conditions de la récolte de la région. Les grains présentant simplement une tache superficielle et dont l'amande est saine ne doivent pas être considérés comme défectueux.

Les grains ridés ne sont pas un motif d'exclusion lorsqu'ils sont sains et ne se retrouvent plus après la cuisson, c'est-à-dire lorsqu'ils ne sont pas un indice de mauvaise qualité ou de vétusté.

Toutefois, la proportion de ces grains ridés ne peut pas dé-

---

(1) On dénomme « brisures », les fractions de grain d'un volume inférieur à un demi-grain; on dénomme « cassures », celles d'un volume égal ou supérieur à un demi-grain.

(2) Le cahier des charges spéciales indiquera, s'il y a lieu, les modifications à apporter à ce taux, modifications que le Ministre fixerait, compte tenu des conditions de la nouvelle récolte.

passer 10 p. 100, proportion au delà de laquelle la denrée présentée en livraison n'aurait plus l'aspect d'une marchandise de qualité loyale et marchande.

★ Le poids à l'hectolitre, mesuré à la trémie conique, varie de 75 à 82 kilogrammes. Le cahier des charges spéciales fixe le poids minimum à exiger suivant les conditions de la récolte de la région.

Les haricots doivent être blancs à l'exclusion de toute espèce de couleur, à moins d'indication différente du cahier des charges spéciales. Ce cahier des charges spéciales détermine alors les conditions particulières à remplir et fixe les proportions suivant l'état de la récolte locale et la situation des marchés.

Parmi les haricots de couleur, les espèces dénommées « grisailles », « gris tigré », « à l'œil » sont exclues de la fourniture. Les autres sortes les plus connues, telles que « cocos jaunes », « indiens jaspés » et « gris-longs » pourront être reçus indistinctement, si la denrée remplit les conditions indiquées ci-dessus. S'il entre plusieurs de ces sortes dans une même livraison, chacune d'elles devra être présentée séparément, de manière à faciliter la distinction de l'espèce et la constatation de la qualité.

★ Les haricots contenant de l'acide cyanhydrique, même en faible proportion, sont exclus des fournitures.

Les haricots de provenance exotique sont admis dans les livraisons, à l'exception, toutefois, des haricots non comestibles et nocifs, tels que ceux du Pérou, des Indes, etc.

En particulier, en ce qui concerne les haricots des Indes, les moyens de reconnaître leur présence dans un lot de cette denrée sont indiqués ci-après :

Caractères extérieurs. — Les fèves ou haricots des Indes offrent un mélange de teintes diverses; on en distingue souvent une quinzaine dans un même échantillon. La plupart des graines sont uniformément colorées; un certain nombre présentent des stries blanches sur fond noir ou violacé, ou des stries noires ou violacées sur fond plus clair et de teinte variable. D'autres sont même entièrement blanches.

Quelle qu'en soit la couleur, ces graines mesurent en moyenne 15^{mm} de long sur 10^{mm} de large; presque toutes sont plus aplaties que les variétés de haricots vulgaires et, contrairement à ce que l'on observe dans ces dernières, la côte de l'ombilic est presque rectiligne. Un caractère important consiste en ce que l'une des moitiés ou extrémités est plus large que l'autre, la plus étroite étant celle qui loge la radicule embryonnaire. La moitié la plus large, au lieu d'être régulièrement convexe sur le côté opposé à l'ombilic, se montre ordinairement plus ou moins tronquée. La forme de la graine ressemble alors quelque peu à celle d'un triangle scalène. Ce caractère est d'autant plus apparent que la graine est plus aplatie. En tout cas, lorsqu'il cesse d'être apparent, la différence de largeur des deux moitiés de la graine reste toujours reconnaissable dans la plupart des semences indiennes.

★ *Procédé de recherche de l'acide cyanhydrique.* — La recherche de l'acide cyanhydrique s'effectue au moyen de papier picrosodé de Guignard. Ce papier doit être préparé au moment du besoin, car il possède alors son maximum de sensibilité. Cette sensibilité diminue progressivement et plus ou moins rapidement avec le temps, et le papier réactif finit par être totalement inactif.

Pour préparer ce papier, faire dissoudre à chaud, dans 100 grammes d'eau distillée, 1 gramme d'acide picrique et ajouter, avant refroidissement complet, 10 grammes de carbonate de sodium cristallisé.

Tremper ensuite dans cette solution, très alcaline, des bandes de papier filtre et les essorer très légèrement.

La solution peut servir indéfiniment; elle laisse se former, par refroidissement, des cristaux qu'il suffit de redissoudre à une douce chaleur pour une nouvelle préparation de papier réactif.

Pour procéder à la recherche de l'acide cyanhydrique dans les haricots, opérer de la façon suivante :

Pulvériser grossièrement au moulin ou au mortier 5 à 10 grammes de la graine à examiner. Introduire la poudre dans un petit ballon, une fiole conique ou un flacon à large ouverture avec cinq fois son poids d'eau, de façon à former une pâte liquide. Suspendre le papier réactif au bouchon du récipient.

Si le papier n'a pas pris une teinte orangé-rouge après une douzaine d'heures à la température ordinaire, les haricots peuvent être considérés comme ne renfermant pas de glucoside cyanhydrique.

SEL.

★ Art. 21. Le sel doit être de bonne qualité, purgé des matières

hétérogènes, suffisamment sec et débarrassé des matières ter-
reuses et sablonneuses.

On doit admettre au maximum 1 p. 100 de matières insolu-
bles et 8 p. 100 d'humidité.

La fourniture doit être faite en sel de saline ou en sel de
mer, au gré de l'entrepreneur, pourvu que la denrée de l'une
et de l'autre espèce remplisse les conditions exprimées ci-dessus.

SUCRE.

Art. 22. Le sucre peut être du sucre raffiné ou bien du sucre
cristallisé, suivant les besoins à satisfaire.

1° Sucre raffiné.

Le sucre raffiné, en pains, en paquets, en morceaux dits
« concassés » ou en granulés, suivant les conditions du cahier
des charges spéciales, doit être exempt de sucre gris ou jaune,
absolument blanc, parfaitement épuré, dur et sec. Quand la
fourniture est faite en pains, l'administration admet une tolérance de débris qui s'étend au dixième de chaque livraison, en
rejetant, toutefois, les morceaux qui ne pèsent pas 25 grammes.

2° Sucre cristallisé.

Le sucre cristallisé exigé doit être du sucre blanc n° 3 indigène ou des colonies françaises, bien sec, c'est-à-dire contenant
au maximum 250 grammes d'eau par 100 kilogrammes, sans mélange, titrant au moins 98°, de nuance et de qualité au moins
équivalentes au type n° 3 de la chambre de commerce de Paris
déposé dans les magasins des subsistances militaires.

Le sucre est livré logé ou non logé, dans les conditions fixées
par le cahier des charges spéciales.

Est également admis, lorsqu'il remplit toutes les conditions
ci-dessus détaillées, le sucre du même type ayant une légère
teinte azurée provenant de l'emploi, au moment de sa fabrica-
tion, d'une substance inoffensive.

Les sacs de sucre présentés en livraison devront toujours
être munis des plombs apposés par la régie. Cette obligation
vise exclusivement le sucre indigène; elle ne s'applique pas aux
provenances des colonies françaises.

Le bulletin d'analyse, établi par l'administration des contri-
butions indirectes pour l'acquittement des droits et délivré aux

fabricants, devra, au moment de la livraison, être fourni au gestionnaire réceptionnaire par le fournisseur.

Les numéros de série inscrits sur le bulletin et reproduits sur les plombs des sacs devront correspondre.

En principe, les indications analytiques servent d'éléments d'appréciation pour la reconnaissance du titrage du sucre.

Pour les sucres cristallisés provenant des colonies françaises ou pays de protectorat, le fournisseur devra, au moment de la livraison, produire le certificat d'origine constatant cette provenance, et le bulletin d'analyse de la douane.

L'administration militaire se réserve d'ailleurs le droit, pour le sucre indigène comme pour le sucre exotique, de faire reconnaître le titre saccharimétrique des produits par un pharmacien militaire ou civil, ou par un chimiste qui, à défaut de saccharimètre, pourra employer la liqueur cupropotassique de Fehling, après transformation du sucre cristallisable en sucre interverti.

AVOINE.

★ Art. 23. L'avoine doit être de qualité loyale et marchande, bien sèche, coulante à la main, exempte de mauvaise odeur (souris, grenier, bateau), de parasites végétaux (champignons du charbon, de la carie ou de l'ergot). de parasites animaux (charançon, alucite, etc...). Elle ne doit pas être mélangée de graines étrangères autres que celles récoltées avec l'avoine.

Elle est livrée dans son état naturel et ne doit pas donner un déchet supérieur à celui qui est fixé par le cahier des charges spéciales, l'épuration étant faite avec les appareils et les moyens déterminés par ledit cahier des charges spéciales.

Parmi les graines récoltées avec l'avoine, on doit distinguer celles qui sont propres à l'alimentation et celles qui sont nuisibles ou seulement inertes.

Les premières sont : le froment, l'orge, le seigle, l'épeautre, le maïs, le sarrasin, la vesce, les pois, les féverolles.

Les secondes, destinées à disparaître en partie dans le criblage, sont : les graines de sanve, de jacée, de bluet, de nielle, de moutarde, d'ail, de coquelicot, de liseron, de trèfle, etc...

Les proportions tolérées, après criblage : 1° des graines propres à l'alimentation; 2° des graines nuisibles ou inertes, sont fixées par le cahier des charges spéciales.

En outre, selon les conditions locales de culture, le même do-

cument peut contenir une clause limitative, applicable spécialement à la graine d'ail.

Mesurée à la trémie conique, l'avoine doit, avant nettoyage
opéré ainsi qu'il est dit ci-dessus, peser au moins, par hectolitre (poids naturel), le nombre de kilogrammes déterminé par le
cahier des charges spéciales.

L'avoine devant être livrée au poids naturel, il s'ensuit que
le livrancier ne peut suppléer à ce poids par une bonification.

Les avoines récoltées en France avec des semences algérien-
nes ou tunisiennes et présentant nettement les caractères des
avoines d'Algérie ou de Tunisie, ne sont admises que dans les
mêmes conditions que ces dernières.

L'avoine de Ligowo, de provenance française, est également
admise.

En tout cas, il est toujours procédé aux adjudications d'une
façon distincte, selon qu'il s'agit d'avoines indigènes, d'avoines
de provenance algérienne ou tunisienne ou d'avoine de Ligowo
française. Le cahier des charges spéciales donne tous renseignements utiles à cet égard.

Sont exclues :

a) Sauf mention expresse portée au cahier des charges spéciales, les avoines de provenance exotique ;

b) Lorsqu'il s'agit d'une fourniture d'avoine d'Algérie ou de
Tunisie, les avoines à écorce dure et piquante dont la provenance
algérienne ou tunisienne ne serait pas suffisamment établie.

ORGE.

Art. 24. L'orge doit être de qualité loyale et marchande, bien
sèche, coulante à la main, exempte de mauvaise odeur d'avarie
ou d'altération quelconque de parasites et aussi de mélange d'autres céréales ou de graines étrangères non récoltées avec elle.

L'orge est livrée dans son état naturel, mais sous la condition
de ne pas donner un déchet supérieur à celui qui est fixé par le
cahier des charges spéciales, l'épuration étant faite avec les appareils et les moyens déterminés par ledit cahier des charges
spéciales.

Ce déchet ne peut dépasser 2 p. 100 à moins d'une infériorité
manifeste des produits de la récolte ou d'exigences particulières
aux procédés de la culture locale.

Mesurée à la trémie conique, l'orge doit, avant nettoyage opéré
ainsi qu'il est dit ci-dessus, peser au moins par hectolitre (poids

naturel) le nombre de kilogrammes déterminé par le cahier des charges spéciales.

Ce poids ne peut être inférieur à 60 kilogrammes pour les orges indigènes et à 58 kilogrammes pour les orges d'Algérie et de Tunisie.

L'orge devant être livrée au poids naturel, il s'ensuit que le fournisseur ne peut suppléer à ce poids par un poids réglé, c'est-à-dire en allouant pour chaque hectolitre une bonification égale à la différence entre le poids réel et le poids exigé.

Sont seules admises les orges indigènes et celles des colonies ou pays de protectorat.

Sont exclues, sauf mention expresse portée au cahier des charges spéciales, les orges exotiques.

FOIN ET FOURRAGES ARTIFICIELS.

Art. 25. Le foin doit être toujours de la bonne qualité de la contrée, suffisamment ressué, en parfait état de conservation, exempt d'humidité et d'altération quelconque, susceptible de donner aux chevaux une nourriture saine et substantielle, et propre à faire un service de tous points satisfaisant.

L'administration pourra toujours exiger du foin remplissant ces conditions, sans que les fournisseurs puissent invoquer, pour fournir du foin de qualité inférieure, les accidents atmosphériques qui auraient plus ou moins altéré la récolte locale.

Tout mélange intentionnel, soit de qualités, soit de provenances différentes, est défendu formellement, pour le foin de pré comme pour les fourrages artificiels. En un mot, la denrée est livrée telle qu'on l'a récoltée et dans cet état le foin ne doit, en principe, renfermer ni poussière, ni graines de foin, ni herbes inertes (mauves, menthes, etc...) irritantes (renoncules, ciguës, colchique d'automne, etc...), narcotiques (pavots, belladone, jusquiame, stramoine, etc...), piquantes (arrête-bœuf, chardons, ronces, etc...), tranchantes (laîches, roseaux, etc...). Si ces défauts se présentent, ce ne doit être que dans la proportion où on les rencontre dans les produits des prairies bien cultivées et bien entretenues du rayon d'approvisionnement.

Ne sont admis en livraison que le sainfoin de première coupe, la luzerne de première coupe et le premier regain de luzerne.

Le cahier des charges spéciales, en tenant compte autant que possible des usages locaux, indique le mode de livraison (boîtes, rames, etc...); mais les quantités sont converties en quintaux métriques et sans acceptation d'aucune bonification.

Le poids des bottes doit varier entre une limite minima et une limite maxima fixées par le cahier des charges spéciales.

Les liens doivent être en foin de bonne qualité; si, exceptionnellement, l'usage de la localité est que les liens soient en paille de froment, le cahier des charges spéciales précise à quelles conditions de poids et de prix ils sont reçus.

Quels que soient les liens employés, les bottes doivent être suffisamment résistantes pour permettre toutes les manipulations de chargement et de déchargement; les bottes défaites ne sont pas acceptées.

PAILLE ALIMENTAIRE.

Art. 26. En principe, la paille de froment est seule admise. Toutefois, la paille d'avoine pourra être admise dans les fournitures de paille alimentaire dans une proportion qui sera indiquée au cahier des charges spéciales.

Quelle que soit son espèce, la paille alimentaire doit être autant que possible garnie de ses épis, en parfait état de conservation, exempte d'humidité et d'altération quelconque, propre à donner aux chevaux une bonne nourriture et à faire, comme litière, un service de tous points satisfaisant.

L'administration pourra toujours exiger de la paille remplissant ces conditions, sans que les fournisseurs puissent invoquer, pour livrer de la paille de qualité inférieure, les accidents atmosphériques qui auraient plus ou moins altéré la récolte locale.

La paille courte n'est pas admise comme paille alimentaire. Toutefois, la paille de froment, courte et brisée, provenant des régions du Midi de la France, est admise pour l'alimentation des chevaux et mulets de l'armée, sous la réserve expresse d'être composée de brins d'une longueur minima telle qu'elle puisse tenir, sans grands déchets, aussi bien sur la fourche que dans le râtelier et d'être exempte de tous débris ou matières étrangères.

Le cahier des charges spéciales précise toujours l'espèce de paille admise, dans chaque cas, et indique, en tenant compte le plus possible des usages locaux, le mode de livraison (bottes, bottillons, rames, etc...); mais les quantités sont converties en quintaux métriques, seule unité de réception de l'administration et sans acceptation d'aucune bonification.

Il indique également la limite minima et la limite maxima entre lesquelles peut varier le poids des bottes.

Les liens doivent être formés avec de la paille de même nature que celle qui est livrée; sinon il est fait déduction de ces liens;

toutefois, quelle que soit l'espèce de la paille à fournir, les liens en paille de froment ou de seigle seront toujours comptés, dans les livraisons, pour leur poids entier.

La ligature avec la ficelle est admise, sous la réserve expresse que la ficelle employée soit suffisamment résistante et que les bottes soient très fortement serrées.

Quels que soient les liens employés, les bottes doivent être suffisamment résistantes pour permettre toutes les manipulations de chargement et de déchargement; les bottes défaites ne seront pas acceptées.

FOIN ET PAILLE PRESSÉS.

Art. 27. Dans certains cas, il peut être indifférent à l'administration militaire de recevoir du foin ordinaire et de la luzerne ordinaire, du foin pressé et de la luzerne pressée, de la paille ordinaire ou de la paille pressée. Le cahier des charges spéciales indique cette particularité, le cas échéant, en précisant la densité du foin pressé, de la luzerne pressée et de la paille pressée, qui peuvent être admis.

Le fournisseur, dans ces cas, doit indiquer dans sa soumission s'il se propose de livrer des fourrages ordinaires ou des fourrages pressés ou de la paille pressée. A défaut de mention précise, les offres sont considérées comme s'appliquant à des denrées non pressées.

L'administration militaire donnant la préférence, à égalité de prix, au foin ordinaire, à la luzerne ordinaire et à la paille ordinaire, il est entendu qu'après l'adjudication toute fourniture de fourrages ou de paille pressés pourra être livrée en fourrages et en paille ordinaires; mais au contraire, sauf autorisation du sous-intendant militaire, une fourniture de fourrages ou de paille ordinaires ne pourra être effectuée en fourrages ou en paille pressés.

Toutefois, lorsque le cahier des charges spéciales et l'avis au public spécifient qu'il s'agit exclusivement d'une fourniture de fourrages pressés, cette fourniture ne peut, dans aucun cas, être effectuée en foin et en paille ordinaires.

Le foin et la paille pressés sont de qualité au moins égale à celle qui est exigée pour le foin et la paille ordinaires.

Ils doivent être de la dernière récolte, suffisamment ressués au moment du pressage et réunir toutes les conditions voulues pour une bonne alimentation.

Le foin et la paille pressés sont comprimés en balles d'un

poids uniforme compris entre 50 et 100 kilogrammes; en Algérie, les balles sont de 50 kilogrammes environ, autant que possible.

La luzerne peut également être pressée, mais à la densité maxima de 140 kilogrammes au mètre cube. Le sainfoin ne doit jamais être pressé.

Les moyens de ligature en fer feuillard ou en fil de fer doivent être suffisamment solides pour résister pendant les transports et les transbordements.

Les balles doivent pouvoir tomber d'une hauteur de 3 mètres sans que les liens se brisent. La ligature ne comporte de planchettes de soutien qu'autant que, eu égard au mode de pressage, ces planchettes sont indispensables pour que les balles réunissent les conditions requises de solidité et n'éprouvent pas de trop forts déchets dans les transports.

Les liens et les planchettes des balles sont déduits des livraisons.

Chaque balle porte une étiquette en bois, en parchemin ou en métal, indiquant le nom du fournisseur et l'année de la récolte. Cette étiquette est engagée, par un ou deux œillets, dans un des liens de la ligature; l'essentiel est que les inscriptions ne puissent être ni enlevées ni changées.

La densité de la denrée à fournir est fixée par le cahier des charges spéciales. Selon les cas, cette densité peut varier entre un minimum de 140 kilogrammes (1) et un maximum de 300 kilogrammes au mètre cube pour le foin pressé, et entre un minimum de 120 kilogrammes (1) et un maximum de 250 kilogrammes pour la paille pressée.

FARINE D'ORGE.

Art. 28. Cette denrée doit être brute et grossièrement moulue.

Elle doit provenir d'une orge de bonne qualité, de la récolte la plus récente, exempte de toute altération et convenablement criblée avant la mouture.

Elle doit être de mouture récente.

Paris, le 18 janvier 1921.

Pour le Ministre de la guerre :

Le Secrétaire général,

ALOMBERT.

---

(1) Au-dessous de ces minima, le pressage doit plutôt être considéré comme un bottelage perfectionné que comme un pressage proprement dit et les denrées doivent être prises en compte comme foin ou comme paille ordinaires.

ANNEXE.

Instruction commune à tous les prélèvements et envois d'échantillons.

§ A. — Précautions a prendre dans les prélèvements d'échantillons.

Toutes les fois que l'on aura à constituer des échantillons destinés à permettre, après leur examen, de formuler un jugement sur l'ensemble qu'ils représentent, on devra prendre toutes les précautions voulues pour que chaque échantillon ait bien la valeur moyenne de la partie ou de la totalité du lot à laquelle il se rapporte.

Si, outre le premier échantillon, il y a lieu d'en constituer d'autres, soit pour des contre-expertises, soit comme témoins, etc..., on devra les prélever tous simultanément et prendre les précautions voulues pour que tous soient bien aussi identiques que possible les uns aux autres.

Par exemple, pour un lot d'avoine, il conviendra, pour effectuer le prélèvement, de toujours réunir une quantité de denrées suffisante, puisée dans différents sacs pris au hasard, pour pouvoir, après mélange, constituer et mettre en même temps sous scellés des échantillons bien identiques (les étiquettes prévues au paragraphe F ci-après porteront naturellement les trois mêmes chiffres ou lettres de référence pour les divers échantillons identiques).

Les échantillons seront du poids net ci-après :

2 kgr. 500 pour le blé, le riz, les haricots, le sel, le sucre, l'avoine, l'orge, la farine d'orge;

4 kgr. 500 pour le foin et la paille.

Pour les fourrages pressés, on expédiera soit une balle entière en vrac, soit des fractions de balles réunies dans un sac de forte toile ou dans une caissette.

§ B. — Echantillons soumis au Ministre soit en cas de recours, soit pour examens spéciaux a faire a l'inspection générale des subsistances.

Pour tout envoi d'échantillons au Ministre (cas de recours ou sur ordre spécial), on devra se conformer aux dispositions ci-après :

Chacun des échantillons sera mis séparément sous scellés et on le munira d'une étiquette particulière du modèle figurant au paragraphe F ci-après. Cette étiquette sera signée, d'une part, par le sous-intendant (ou son suppléant) et, d'autre part, par le fournisseur ou son représentant.

Il sera en même temps établi, et spécialement pour chacun des échantillons, un bulletin particulier conforme au modèle donné au paragraphe G ci-après.

Les trois lettres ou chiffres de référence à inscrire sur l'étiquette et à reproduire sur le bulletin permettront de différencier d'une façon sûre les échantillons envoyés simultanément ou successivement d'une même place et de retrouver sans erreur possible les bulletins qui les concernent. L'établissement du bulletin précité dispensera de tout envoi à l'inspection générale des subsistances d'expéditions du procès-verbal de prélèvement des échantillons.

Le ou les bulletins seront placés dans un seul et même pli, sans lettre d'envoi ni bordereau, et adressés par la poste (sans qu'il y ait lieu à chargement) à M. l'Inspecteur général des subsistances (8, boulevard des Invalides, à Paris, VIIe), le jour même où l'échantillon aura été confié au transporteur (1).

L'envoi des bulletins devra toujours donner lieu à une lettre séparée, même si les échantillons sont confiés à la poste, et en aucun cas le bulletin d'avis ne devra être placé dans le même paquet que l'échantillon; ce paquet n'est en effet destiné à être ouvert qu'en séance d'expertise.

Si un ou plusieurs scellés sont placés pour l'expédition dans un emballage, les cinq premières indications de la ou des étiquettes devront être reproduites à l'extérieur du paquet.

Ce paquet sera expédié à l'adresse plus haut indiquée, soit par la poste, comme échantillon recommandé, soit par colis postal, soit par grande vitesse, suivant le cas. Il devra parvenir *franco* et à domicile (en suspension, d'ailleurs, des droits d'octroi pour les denrées qui y sont soumises).

§ C. — Echantillons soumis aux commissions d'appel.

Dans tous les cas où il y a lieu à prélèvement d'échantillons

---

(1) Lorsque le prélèvement aura été effectué par un suppléant, celui-ci préparera le ou les bulletins et les signera, mais il les adressera au sous-intendant militaire dont il relève, lequel en assurera d'urgence la transmission après les avoir visés et dûment complétés par les renseignements qui n'ont pas lieu d'être pris sur place.

par suite d'appel, on se conformera d'une manière générale aux dispositions susindiquées.

Il sera toujours constitué simultanément au moins deux échantillons : l'un sera mis à la disposition de la commission d'appel; l'autre pourra, en cas de recours au Ministre, servir à l'envoi prévu au paragraphe B ci-dessus.

Les échantillons identiques recevront des étiquettes identiques du modèle prévu au paragraphe F ci-après.

§ D. — Procès-verbaux des prélèvements.

D'une manière générale, les prélèvements d'échantillons auront toujours lieu en présence du fournisseur (ou de son représentant) dûment convoqué, et, dans les cas litigieux, il devra toujours être dressé procès-verbal de l'opération par l'autorité qui y aura procédé.

Le procès-verbal indiquera explicitement les précautions prises en application du paragraphe A pour constituer les échantillons, de telle manière qu'aucune contestation ne puisse ultérieurement s'élever au sujet de leur valeur. Ce document mentionnera, en outre, quand il y aura lieu, les dispositions prises pour mettre le lot total de denrées sous scellés; il indiquera l'importance du lot et donnera les diverses indications utiles, notamment l'ancienneté et la provenance d'origine. Il rappellera, enfin, les indications portées sur l'étiquette prévue au paragraphe F. Une expédition du procès-verbal sera mise à la disposition de la commission d'appel.

En cas de recours au Ministre, une expédition du procès-verbal de prélèvement sera jointe au dossier.

§ E. — Frais divers relatifs aux prélèvements d'échantillons.

Les emballages que comporteront les prélèvements seront fournis par le service des subsistances.

Les frais d'envoi seront avancés par l'officier gestionnaire.

Les frais d'emballage et d'envoi seront supportés définitivement par la partie qui aura été condamnée.

§ F. — Modèle de l'étiquette a mettre sur les échantillons.

Chaque échantillon recevra une étiquette du modèle ci-après. Cette étiquette, si elle reste en dehors des emballages, devra être établie sur parchemin ou sur carton.

On pourra, cependant, s'abstenir de l'usage de l'étiquette et porter les indications ci-après prévues sur le sac ou l'emballage lui-même si elles peuvent y être nettement inscrites et y rester très lisibles :

14ᵉ CORPS D'ARMÉE

(1) Fournisseur ou représentant.
(2) Sous-intendant militaire ou suppléant du sous-intendant.

SERVICE DES VIVRES.

Cachet à la cire.

Localité où a eu lieu le prélèvement.. *Modane.*
Indication des trois lettres ou chiffres de référence (reproduits sur le bulletin)........................

D	8	K

Échantillon de.......................... *Blé.*
Date de prélèvement................. 15 *mars* 1921.

Le (1)

(Signature.)

Le (2)

(Signature.)

---

§ G. — MODÈLE DU BULLETIN D'AVIS DE PRÉLÈVEMENT ET D'ENVOI D'ÉCHANTILLONS.

14ᵉ CORPS D'ARMÉE.

SERVICE DES VIVRES.

Place où a été prélevé l'échantillon............ } *Modane.*
Sous intendance dont relève la place ci-dessus.. } *Chambéry,* 1ʳᵉ.
Numéro au registre de correspondance............ } 372.

Bulletin de prélèvement et avis d'envoi d'un échantillon de blé.

Reproduction des trois lettres ou chiffres de référence portés sur l'étiquette...............

D	8	K

Date de prélèvement................................. 15 *mars* 1921.
Mode d'envoi.. *Colis postal à domicile.*
Description du colis envoyé.......................... *Un sac en toile dans une caisse.*
Poids de l'échantillon contenu....................... 3 *kilogrammes.*
Nom de l'entrepreneur ou du fournisseur (ou porter la mention : Gestion directe)................ *M. Untel.*
Importance du lot sur lequel a été prélevé l'échantillon. 140 *quintaux.*
Numéro d'ordre du lot dans le magasin (s'il y a lieu)... »
Date d'entrée du lot en magasin..................... »
Causes du prélèvement. S'il y a eu refus en indiquer sommairement les motifs et mentionner enfin s'il y a eu décision d'une commission d'appel.............. } *Refusé pour mauvaise odeur. Lot accepté par la commission d'appel.*
Date des cahiers des charges applicables pour l'affaire (outre le cahier des C. C. G. du 16 février 1905 à jour au 6 juillet 1909) (1)......................... } *C. C.* 18 *janvier* 1921. *C. S.* 15 *février* 1921.

A .... 19 ...

(Signature.)

(1) Si l'on ne joint pas au présent bulletin un exemplaire des divers cahiers des charges visés ci-dessus, on devra copier sur le verso du bulletin (ou y annexer) les extraits conformes nécessaires pour l'examen de l'affaire, de ceux desdits cahiers des charges non publiés avec le *Bulletin officiel,* ou bien l'on mentionnera (avec le titre) l'affaire précédente à propos de laquelle ces exemplaires ou ces extraits auraient déjà été adressés.

Imprimerie militaire
CHARLES-LAVAUZELLE & Cie
PARIS ET LIMOGES